BEGINNERS GUIDE TO WOOD PELLET SMOKER AND GRILL COOKBOOK USING PIT BOSS

Flavorful, Easy-to-Cook, and Time-Saving Recipes For Your
Perfect BBQ. Smoke, Grill, Roast Every Meal

DALE DUNN

contenido de este libro procede de diversas fuentes. Por favor, consulte a un profesional con licencia antes de intentar cualquier técnica descrita en este libro.

Al leer este documento, el lector acepta que, bajo ninguna circunstancia, el autor es responsable de cualquier pérdida, directa o indirecta, en la que se incurra como resultado del uso de la información contenida en este documento, incluyendo, pero sin limitarse a, errores, omisiones o inexactitudes.

Índice de contenidos

Introducción

Las parrillas y ahumadores Pit Boss son parrillas y ahumadores de carbón para exteriores que utilizan pellets de madera aromatizados como combustible. Al no necesitar gas ni electricidad, es una alternativa de cocina respetuosa con el medio ambiente. Con este sistema puede disfrutar de una cocina fresca al aire libre utilizando sus propios ingredientes. Como resultado, es una mejor opción porque puede controlar la cantidad de nicotina y conservantes en su comida.

Para asegurarse de que entiende cómo utilizar el producto correctamente, un análisis de la parrilla Pit boss debe proporcionar una descripción detallada de los controles y el servicio. Podrá conocer sus características y versatilidad. Muchas personas han ahorrado dinero gracias a los distintos ajustes que les permiten controlar los tiempos de cocción y los niveles de calor según sus preferencias. Esta puede ser una buena opción para usted si quiere que su comida se cocine perfectamente por dentro y por fuera, ya que viene con especificaciones de diseño de muy alta calidad. La ventana de visualización y el indicador de temperatura son características útiles.

Al tratarse de un ahumador al aire libre, los alimentos pueden necesitar espacio suficiente para ahumarse cuando se cocinan a temperaturas más bajas. Gracias a la regulación de la temperatura, conseguirá los resultados deseados. Al no estar en contacto directo con las llamas, podrá mantener sus alimentos seguros. Su uso es seguro y no existe la posibilidad de que se derramen o se cocinen al vapor los alimentos. Por su sabor y contenido de humedad, el humo es único.

La tecnología de ahumado "velocity cooking" patentada por Pit Boss produce una comida deliciosa sin necesidad de utilizar astillas de madera o carbón. Como resultado, no se necesitan chimeneas ni kits de encendido de carbón cuando se utiliza esta parrilla. Los pellets se encienden mediante un sencillo controlador de botón que le ayuda a mantener la temperatura ideal de cocción durante más tiempo que las parrillas convencionales.

La parrilla Pit Boss tiene un diseño único para facilitar el acceso a los controles de temperatura. Esto le permite ajustar la temperatura con facilidad, y también proporciona a sus invitados una excelente vista. La construcción de acero asegura que puede soportar el calor del fuego, mientras que el acabado de acero inoxidable asegura que se verá muy bien en los próximos años.

Las parrillas Pit Boss están fabricadas con múltiples ventilaciones para proporcionar espacio de cocción incluso con una carga pesada. Cuentan con un acabado antiadherente para facilitar la limpieza y una bandeja de goteo de acero inoxidable para recoger la grasa que atraviesa la rejilla. Nuestras parrillas están preparadas para todo lo que se les ocurra. Pida la suya hoy mismo.

Recetas de carne de vacuno

1. Filete de ternera con costra de almendras a la parrilla

Tiempo de preparación: 15 minutos

Tiempo de cocción: 55 minutos

Porciones: 4

Ingredientes

- 3 lbs. de filete de ternera

- Sal y pimienta al gusto

- 1/4 de taza de aceite de oliva

- 1/3 de taza de cebolla, picada muy fina

- 2 cucharadas de curry en polvo

- 1 taza de caldo de pollo

- 1 cucharada de mostaza de Dijon

- 1/4 de taza de almendras en rodajas, picadas gruesas

Direcciones:

1. Frote el solomillo de ternera con sal y pimienta.

2. En un bol, combine el aceite de oliva, la cebolla, el curry, el caldo de pollo, la mostaza y las almendras.

3. Frote la carne de vacuno generosamente con la mezcla de curry.

4. Encienda su parrilla Pit Boss, ponga la temperatura en Alto y precaliente, con la tapa cerrada, de 10 a 15 minutos.

5. Como regla general, debe asar los filetes a fuego alto (450-500°F).

6. Asar a la parrilla unos 7-10 minutos por lado a altas temperaturas o 15-20 minutos por lado a las temperaturas más bajas, o a su preferencia de cocción.

7. Retire la carne de la parrilla y déjela enfriar durante 10 minutos.

8. Servir caliente.

La nutrición:

Calorías 479,33 cal

Grasa 34,54g

Carbohidratos 4,05g

Fibra 1,95g

Proteínas 36,82g

2. Filete de ojo de buey a la parrilla con aliños de hierbas

Tiempo de preparación: 15 minutos

Tiempo de cocción: 1 hora

Porciones: 6

Ingredientes

- 2 libras de filete de ojo de buey

- Sal y pimienta al gusto

- 2 cucharadas de aceite de oliva

- 1/4 de taza de perejil fresco y picado

- 1/4 de taza de hojas de orégano, frescas y picadas

- 2 cucharadas de albahaca, fresca y picada

- 2 cucharadas de hojas de romero, frescas y picadas

- 3 dientes de ajo machacados

Direcciones:

1. Salpimentar el asado de ternera y colocarlo en un plato llano.

2. En un bol mediano, combine el aceite de oliva, el perejil picado, la albahaca, el orégano, el romero, el ajo y el aceite. Frote la carne con la mezcla de hierbas por ambos lados

3. Ponga la carne a temperatura ambiente 30 minutos antes de ponerla en la parrilla.

4. Encienda su parrilla Pit Boss, ponga la temperatura en Alto y precaliente, con la tapa cerrada, de 10 a 15 minutos.

5. Como regla general, debe asar los filetes a fuego alto (450-500°F).

6. Asar a la parrilla unos 7-10 minutos por lado a altas temperaturas o 15-20 minutos por lado a las temperaturas más bajas, o a su preferencia de cocción.

7. Cuando esté listo, deje reposar la carne durante 10 minutos, córtela en rodajas y sírvala.

La nutrición:

Calorías 427,93 cal

Grasa 31,8g

Carbohidratos 3,78g

Fibra 2,17g

Proteínas 30,8g

3. Filete de ternera a la parrilla con melaza y vinagre balsámico

Tiempo de preparación: 8 horas

Tiempo de cocción: 50 minutos

Porciones: 5

Ingredientes

- 2 1/2 lbs de bistec alimentado con hierba

- Sal y pimienta molida

- 2 cucharadas de melaza

- 1 taza de caldo de carne

- 1 cucharada de vinagre de vino tinto

- 1 cucharada de vinagre balsámico

Direcciones:

1. Coloque un bistec de res en un plato grande.

2. Combine el caldo de carne, la melaza, el vinagre de vino tinto y el vinagre balsámico en un bol.

3. Tapar y refrigerar hasta 8 horas.

4. 30 minutos antes de asar, saque los filetes de la nevera y déjelos a temperatura ambiente.

5. Encienda su parrilla Pit Boss, ponga la temperatura en Alto y precaliente, con la tapa cerrada, de 10 a 15 minutos.

6. Asar unos 7-10 minutos por lado a altas temperaturas o 15-20 minutos por lado a las temperaturas más bajas.

7. Pasar la carne a una fuente de servir y dejar reposar unos 10 minutos.

8. Servir caliente.

La nutrición:

Calorías 295,3 cal

Grasa 6,21g

Carbohidratos 6,55g

Fibra 0g

Proteínas 52,89g

4. Filete de ternera a la parrilla con aceite de cacahuete y hierbas

Tiempo de preparación: 4 horas y 45 minutos

Tiempo de cocción: 55 minutos

Porciones: 6

Ingredientes

- 3 libras de bistec, preferiblemente de falda

- 1 cucharadita de sal marina

- 2 cucharadas de aceite de cacahuete

- 1/4 de aceite de oliva

- 2 cucharadas de hojas de menta fresca, finamente picadas

- 2 cucharaditas de pimienta negra en grano

- 2 cucharaditas de pimienta verde

- 1/2 cucharadita de semillas de comino

- 1 pizca de copos de chile

Direcciones:

1. Frote los filetes de ternera con sal gruesa y colóquelos en una fuente grande.

2. Prepare una marinada; en un bol, combine el aceite de cacahuete, el aceite de oliva, la hoja de menta fresca, la pimienta en grano, el comino y las escamas de chile.

3. Tapar y refrigerar durante 4 horas.

4. Ponga la carne a temperatura ambiente 30 minutos antes de ponerla en la parrilla.

5. Encienda su parrilla Pit Boss, ponga la temperatura en Alto y precaliente, con la tapa cerrada, de 10 a 15 minutos.

6. Como regla general, debe asar los filetes a fuego alto (450-500°F).

7. Asar a la parrilla unos 7-10 minutos por lado a altas temperaturas o 15-20 minutos por lado a las temperaturas más bajas, o a su preferencia de cocción.

8. Retire la arrachera de la parrilla y deje que se enfríe antes de cortarla durante 10 -15 minutos.

9. Cortar y servir.

La nutrición:

Calorías 346,3 cal

Grasa 15.15g

Carbohidratos 0,21g

Fibra 0,07g

Proteína 32,38g

5. Filetes de ternera a la parrilla con salsa de miel y cerveza

Tiempo de preparación: 15 minutos

Tiempo de cocción: 55 minutos

Porciones: 4

Ingredientes

- 4 filetes de carne de vacuno

- Sal y pimienta al gusto

- 1 taza de cerveza

- 1 cucharadita de tomillo

- 1 cucharada de miel

- 1 zumo de limón

- 2 cucharadas de aceite de oliva

Direcciones:

1. Sazone los filetes de carne con sal y pimienta.

2. En un bol, combinar la cerveza, el tomillo, la miel, el zumo de limón y el aceite de oliva.

3. Frote los filetes de carne generosamente con la mezcla de cerveza.

4. Encienda su parrilla Pit Boss, ponga la temperatura en Alto y precaliente, con la tapa cerrada, de 10 a 15 minutos.

5. Como regla general, debe asar los filetes a fuego alto (450-500°F).

6. Asar a la parrilla unos 7-10 minutos por lado a altas temperaturas o 15 minutos por lado a las temperaturas más bajas, o a su preferencia de cocción.

7. Retire la carne de la parrilla y déjela enfriar durante 10 minutos.

8.   Sirve.

La nutrición:

Calorías 355,77

Grasa 12,57g

Carbohidratos 7,68g

Fibra 0,18g

Proteínas 49,74g

6. Filete de ternera de La Rochelle a la parrilla con piña al curry

Tiempo de preparación: 4 horas y 30 minutos

Tiempo de cocción: 55 minutos

Porciones: 4

Ingredientes

- 1 1/2 lbs de bistec de falda

- 1/4 de taza de aceite de oliva

- 8 oz de trozos de piña en jugo

- 3 cucharaditas de curry en polvo

- 1 cucharada de jalea de grosellas rojas

- 1/2 cucharadita de sal, o al gusto

Direcciones:

1. Colocar la arrachera en un plato llano.

2. En un bol, combine el aceite de oliva, los trozos de piña en su jugo, el curry en polvo, la jalea de grosella roja y la sal y la pimienta.

3. Vierta la mezcla sobre el bistec de falda.

4. Tapar y refrigerar durante 4 horas.

5. Ponga la carne a temperatura ambiente 30 minutos antes de ponerla en la parrilla.

6. Encienda su parrilla Pit Boss, ponga la temperatura en Alto y precaliente, con la tapa cerrada, de 10 a 15 minutos.

7. Como regla general, debe asar los filetes a fuego alto (450-500°F).

8. Asar a la parrilla unos 7-10 minutos por lado a altas temperaturas o 15-20 minutos por lado a las temperaturas más bajas, o a su preferencia de cocción.

9. Retire la arrachera de la parrilla y déjela enfriar durante 10 minutos.

10.   Servir caliente.

La nutrición:

Calorías 406,26

Grasa 26,1g

Carbohidratos 10,41g

Fibra 1,85g

Proteína 32,01g

Recetas con carne de cerdo

7. Cerdo asado con salsa balsámica de fresas

Tiempo de preparación: 15 minutos

Tiempo de cocción: 35 minutos

Porciones: 3

Ingredientes:

- 2 libras de lomo de cerdo

- Sal y pimienta al gusto

- 2 cucharadas de romero seco

- 2 cucharadas de aceite de oliva

- 12 fresas frescas

- 1 taza de vinagre balsámico

- 4 cucharadas de azúcar

Direcciones:

1. Ajuste la parrilla de pellets de madera a 350°F y precaliéntela durante 15 minutos con la tapa cerrada.

2. Mientras tanto, enjuague la carne de cerdo y séquela con palmaditas, sazone con sal, pimienta y romero.

3. En una sartén para horno, calentar el aceite hasta que humee. Añadir la carne de cerdo y dorarla por todos los lados.

4. Coloque la sartén en la parrilla y cocine durante 20 minutos o hasta que la carne ya no esté rosada y la temperatura interna sea de 150°F.

5. Retire el cerdo de la parrilla y déjelo reposar durante 10 minutos.

6. Añade las fresas a la sartén y dóralas en el fuego durante un minuto. Retira las fresas de la sartén.

7. Añade el vinagre en la misma sartén y raspa los trozos dorados del fondo de la sartén.

8. Corta la carne en rodajas y coloca las fresas encima, luego rocía la salsa de vinagre. Disfrute.

La nutrición:

Calorías 244

Grasa total 9g

Grasas saturadas 3g

Total de carbohidratos 15g

Carbohidratos netos 13g

Proteína 25g

Azúcar 12g

Fibra 2g

Sodio: 159mg

8. **Asado de corona de cerdo a la parrilla de pellets de madera**

Tiempo de preparación: 5 minutos

Tiempo de cocción: 60 minutos

Porciones: 5

Ingredientes:

- 13 costillas de cerdo

- 1/4 de taza de aliño favorito

- 1 taza de zumo de manzana

- 1 taza de salsa BBQ de albaricoque

Direcciones:

1. Ajuste la temperatura de los pellets de madera a 375°F para precalentar durante 15 minutos con la tapa cerrada.

2. Mientras tanto, sazone la carne de cerdo con los aliños y déjela reposar durante 30 minutos.

3. Envuelva las puntas de cada asado de corona con papel de aluminio para evitar que las quemaduras se vuelvan negras.

4. Coloque la carne en la parrilla y cocine durante 90 minutos. Rociar con zumo de manzana cada 30 minutos.

5. Cuando la carne haya alcanzado una temperatura interna de 125°F, retire las láminas.

6. Rocíe el asado con jugo de manzana de nuevo y déjelo cocinar hasta que la temperatura interna haya alcanzado los 135°F.

7. En los últimos 10 minutos de cocción, rocíe el asado con salsa BBQ.

8. Retirar de la parrilla y envolver con papel de aluminio. Dejar reposar 15 minutos antes de servir. Disfrute.

La nutrición:

Calorías 240

Grasa total 16g

Grasa saturada 6g

Proteína 23g

Sodio: 50mg

9. Costillas de San Luis en húmedo

Tiempo de preparación: 15 minutos

Tiempo de cocción: 4 horas

Porciones: 3

Ingredientes:

- 1/2 taza de azúcar moreno

- 1 cucharada de comino molido

- 1 cucharada de chile ancho en polvo

- 1 cucharada de pimentón ahumado

- 1 cucharada de sal de ajo

- 3 cucharadas de vinagre balsámico

- 1 Costilla estilo St. Louis

- 2 tazas de zumo de manzana

Direcciones:

1. Añada todos los ingredientes, excepto las costillas, en un bol y mézclelos hasta que estén bien mezclados.

Coloque el aliño en ambos lados de las costillas y déjelo reposar durante 10 minutos.

2. Ajuste la temperatura de los pellets de madera a 180°F y precaliente durante 15 minutos. Ahume las costillas durante 2 horas.

3. Aumente la temperatura a 250°F y envuelva las costillas y el jugo de manzana con papel de aluminio o papel de aluminio.

4. Vuelva a colocar la carne de cerdo y cocine durante 2 horas más.

5. Retirar de la parrilla y dejar reposar 5 minutos antes de servir. Disfrute.

La nutrición:

Calorías 210

Grasa total 13g

Grasa saturada 4g

Total de carbohidratos 0g

Carbohidratos netos 0g

Proteína 24g

Sodio: 85mg

10. Solomillo de cerdo con costra de cacao

Tiempo de preparación: 30 minutos

Tiempo de cocción: 25 minutos

Porciones: 5

Ingredientes:

- Un lomo de cerdo

- 1/2 cucharada de hinojo molido

- 2 cucharadas de cacao en polvo sin azúcar

- 1 cucharada de pimentón ahumado

- 1/2 cucharada de sal kosher

- 1/2 cucharada de pimienta negra

- 1 cucharada de aceite de oliva virgen extra

- Tres cebollas verdes

Direcciones:

1. Retirar la piel plateada y los tejidos conectivos del lomo de cerdo.

2. Combine el resto de los ingredientes en un recipiente y frote la mezcla sobre la carne de cerdo. Refrigere durante 30 minutos.

3. Precaliente la parrilla de pellets de madera durante 15 minutos con la tapa cerrada.

4. Dore todos los lados del lomo en la parte delantera de la parrilla, luego reduzca la temperatura a 350°F **y mueva la carne de cerdo al centro de la parrilla.**

5. Cocine durante 15 minutos más o hasta que la temperatura interna sea de 145°F.

6. Retirar de la parrilla y dejar reposar 10 minutos antes de cortar. Disfrute de

La nutrición:

Calorías 264

Grasa total 13,1g

Grasa saturada 6g

Carbohidratos totales 4,6g

Carbohidratos netos 1,2g

Proteína 33g

Azúcar 0g

Fibra 3,4g

Sodio: 66mg

11. Chuletas de cordero con azúcar moreno

Tiempo de preparación: 2 horas

Tiempo de cocción: 10-15 minutos

Porciones: 4

Ingredientes:

- Pimienta

- Una cucharada de ajo en polvo

- Sal

- Dos t. de estragón

- Una cucharada de canela

- ¼ c. de azúcar moreno

- 4 chuletas de cordero

- Dos t. de jengibre

Direcciones:

1. Combinar la sal, el ajo en polvo, la pimienta, la canela, el estragón, el jengibre y el azúcar. Rebozar las chuletas de cordero en la mezcla y refrigerarlas durante dos horas.

2. Añada pellets de madera a su ahumador y siga el procedimiento de puesta en marcha de su cocina. Precaliente su ahumador, con la tapa cerrada, hasta que llegue a 450.

3. Coloque las chuletas en la parrilla, tápelas y ahúmelas durante 10-15 minutos por cada lado.

4. Sirve.

La nutrición:

Calorías: 210 Cal

Grasa: 11 g

Carbohidratos: 3 g

Proteínas: 25 g

Fibra: 1 g

12. Chuletas de cordero ahumadas Pit Boss

Tiempo de preparación: 10 minutos

Tiempo de cocción: 50 minutos

Porciones: 4

Ingredientes:

- Un cordero de rack

- 2 cucharadas de romero fresco

- 2 cucharadas de salvia fresca

- 1 cucharada de tomillo fresco

- Dos dientes de ajo, cortados en trozos grandes

- 2 cucharadas de chalotas, picadas gruesas

- 1/2 cucharada de sal

- 1/2 cucharada de pimienta molida

- 1/4 de taza de aceite de oliva

- 1 cucharada de miel

Direcciones:

1. Precalentar el Pit Boss a 2250F

2. Recorte el exceso de grasa y la piel plateada del cordero.

3. Combine el resto de los ingredientes en el procesador de alimentos y frote generosamente el cordero con el condimento.

4. Coloque el cordero sazonado en el Pit Boss y cocine durante 45 minutos o hasta que la temperatura interna alcance **los 1200F**.

5. Dore el cordero en el Pit Boss durante 2 minutos por cada lado o hasta que la temperatura interna alcance los 1250F para que esté medio raro o los 1450F para que esté medio.

6. Dejar reposar 5 minutos antes de cortarlo. Disfrute de

La nutrición:

Calorías 916

Grasa total 78,3g

Carbohidratos totales 2,7g

Proteína 47g

Azúcares 0,1g

Fibra 0,5g

Sodio 1324mmg

13. Paleta de cordero ahumada Pit Boss

Tiempo de preparación: 20 minutos

Tiempo de cocción: 3 horas

Porciones: 7

Ingredientes:

- 5 libras de paleta de cordero

- 1 taza de vinagre de sidra

- 2 cucharadas de aceite

- 2 cucharadas de sal kosher

- 2 cucharadas de pimienta negra recién molida

- 1 cucharada de romero seco

Para el Spritz

- 1 taza de vinagre de sidra de manzana

- 1 taza de zumo de manzana

Direcciones:

1. Precaliente el Pit Boss a 2250F con una cacerola con agua para la humedad.

2. Recorte la grasa sobrante del cordero y enjuague la carne en agua fría. Secar con una toalla de papel.

3. Inyecte el vinagre de sidra en la carne y luego séquela con una toalla de papel limpia.

4. Frotar la carne con aceite, sal, pimienta negra y romero seco. Atar la paleta de cordero con un cordel.

5. Colóquelo en el ahumador durante una hora, luego rocíe cada 15 minutos hasta que la temperatura interna alcance los 1650F.

6. Retirar del Pit Boss y dejar reposar durante 1 hora antes de desmenuzar y servir.

La nutrición:

Calorías 472

Grasa total 37g

Total de carbohidratos 3g

Proteína 31g

Sodio 458mg

14. Pollo a la parrilla Pit Boss

Tiempo de preparación: 10 minutos

Tiempo de cocción: 1 hora y 10 minutos

Porciones: 6

Ingredientes:

- 5 libras de pollo entero

- 1/2 taza de aceite

- Alimento para pollo Pit Boss

Direcciones:

1. Precaliente el Pit Boss en la posición de ahumado con la tapa abierta durante 5 minutos. Cierre la tapa y deje que se caliente durante 15 minutos o hasta que llegue a 450.

2. Utiliza hilo de panadero para atar los muslos de pollo y frótalos con aceite. Cubre el pollo con el aliño y colócalo en la parrilla.

3. Asar durante 70 minutos con la tapa cerrada o hasta que alcance una temperatura interna de 1650F.

4. Retire el pollo del Pit Boss y déjelo reposar durante 15 minutos. Cortar y servir.

La nutrición:

Calorías 935

Grasa total 53g

Grasa saturada 15g

Proteína 107g

Sodio 320mg

15. Pechuga de pollo Pit Boss

Tiempo de preparación: 10 minutos

Tiempo de cocción: 15 minutos

Porciones: 6

Ingredientes:

- Tres pechugas de pollo

- 1 cucharada de aceite de aguacate

- 1/4 de cucharada de ajo en polvo

- 1/4 de cucharada de cebolla en polvo

- 3/4 de cucharada de sal

- 1/4 de cucharada de pimienta

Direcciones:

1. Precaliente su Pit Boss a 3750F

2. Cortar la pechuga de pollo en mitades a lo largo y cubrirla con aceite de aguacate.

3. Condimentar con ajo en polvo, cebolla en polvo, sal y pimienta.

4. Coloque el pollo en la parrilla y cocine durante 7 minutos de cada lado o hasta que la temperatura interna alcance los 1650F

La nutrición:

Calorías 120

Grasa total 4g

Grasa saturada 1g

Proteína 19g

Sodio 309mg

16. Alitas de pollo

Tiempo de preparación: 10 minutos

Tiempo de cocción: 15 minutos

Porciones: 4

Ingredientes:

- Alitas de pollo frescas

- Sal al gusto

- Pimienta al gusto

- Ajo en polvo

- Cebolla en polvo

- Cayena

- Pimentón

- Sal para condimentar

- Salsa barbacoa al gusto

Direcciones:

1. Precaliente la parrilla de pellets de madera a baja temperatura.

2. Mezclar el condimento y cubrir el pollo

3. Poner las alas en la parrilla y cocinar

4. Coloque las alitas en la parrilla y cocínelas durante 20 minutos o hasta que estén completamente cocidas.

5. Deje que se enfríe durante 5 minutos y luego mézclelo con la salsa barbacoa.

6. Servir con orzo y ensalada. Disfrute.

La nutrición:

Calorías: 311 Cal

Grasa: 22 g

Carbohidratos: 22 g

Proteínas: 22 g

Fibra: 3 g

17. Brochetas de pollo a la parrilla con pellets de madera
Tiempo de preparación: 45 minutos

Tiempo de cocción: 12 minutos

Porciones: 6

Ingredientes:

- 1/2 taza de aceite de oliva

- 2 cucharadas de vinagre blanco

- 1 cucharada de zumo de limón

- 1-1/2 cucharada de sal

- 1/2 cucharada de pimienta molida

- 2 cucharadas de cebollino recién picado

- 1-1/2 cucharada de tomillo recién picado

- 2 cucharadas de perejil italiano recién picado

- 1 cucharada de ajo picado

- Brochetas

- 1 pimiento naranja, rojo y amarillo

- 1-1/2 libras de pechuga de pollo, sin hueso y sin piel

- 12 mini champiñones

Direcciones:

1. En un bol, añadir todos los ingredientes de la marinada y mezclar bien. Sumerge el pollo y los champiñones en la marinada y refrigera durante 30 minutos.

2. Mientras tanto, remoja las brochetas en agua caliente. Saca el pollo de la nevera y empieza a montar las brochetas.

3. Precaliente el pellet de madera a 450°F.

4. Asa las brochetas en el pellet de madera durante 6 minutos, dales la vuelta y asa 6 minutos más.

5. Retirar de la parrilla y dejar reposar. Calentar el pan naan en la parrilla durante 2 minutos.

6. Servir y disfrutar.

La nutrición:

Calorías: 165 Cal

Grasa: 13 g

Carbohidratos: 1 g

Proteínas: 33 g

Fibra: 0 g

18. Pollo a la parrilla con pellets de madera

Tiempo de preparación: 10 minutos

Tiempo de cocción: 1 hora y 10 minutos

Porciones: 6

Ingredientes:

- 5 libras de pollo entero

- 1/2 taza de aceite

- Pollo aliñado

Direcciones:

1. Precaliente su pellet de madera en humo con la tapa abierta durante 5 minutos. Cierre la tapa, aumente la temperatura a 450°F y precaliente durante 15 minutos más.

2.   Ate los muslos de pollo con el cordel de cocina y, a continuación, unte el pollo con aceite y cúbralo con los aliños para pollo.

3.   Coloque el pollo en la parrilla con la pechuga hacia arriba.

4.   Ase el pollo durante 70 minutos sin abrirlo o hasta que la temperatura interna alcance los 165°F.

5.   Una vez que el pollo esté fuera de la parrilla déjalo enfriar durante 15 minutos

6.   Disfruta.

La nutrición:

Calorías: 935 Cal

Grasa: 53 g

Carbohidratos: 0 g

Proteínas: 107 g

Fibra: 0 g

19. Salsa de pavo casera

Tiempo de preparación: 20 minutos

Tiempo de cocción: 3 horas y 20 minutos

Raciones: 8-12

Ingredientes:

- 1 pavo, cuello

- 2 cebollas grandes, ocho

- 4 apios, tallos

- 4 zanahorias grandes, frescas

- 8 dientes de ajo machacados

- 8 ramitas de tomillo

- 4 tazas de caldo de pollo

- 1 cucharadita de caldo de pollo

- 1 cucharadita de sal

- 1 cucharadita de pimienta negra rota

- 1 mantequilla en barra

- 1 taza de harina de uso general

Direcciones:

1. Cuando esté listo para cocinar, ajuste la temperatura a 350F y precaliente la parrilla Pit Boss con la tapa cerrada, durante 15 minutos.

2. Colocar el cuello de pavo, el apio, la zanahoria (cortada en trozos grandes), el ajo, la cebolla y el tomillo en una bandeja para asar. Añade cuatro tazas de caldo de pollo y sazona con sal y pimienta.

3. Mueva el pavo preparado en la rejilla a la bandeja de asar y colóquelo en la parrilla Pit Boss.

4. Cocine durante unas 3-4 horas hasta que la pechuga alcance los 160F. El pavo seguirá cocinándose y alcanzará una temperatura interna final de 165F.

5. Cuele los goteos en una cacerola y cocine a fuego lento.

6. En un cazo, mezclar la mantequilla (cortada en 8 trozos) y la harina con un batidor de varillas hasta que se dore. Esto lleva unos 8 minutos, removiendo constantemente.

7. Batir los goteos en el roux y luego cocinar hasta que rompa a hervir. Sazone con sal y pimienta.

La nutrición:

Calorías 160kcal

Carbohidratos 27g

Proteína 55g

Grasa 23g

Grasas saturadas 6,1g

20. Muslos de pavo envueltos en tocino

Tiempo de preparación: 10 minutos

Tiempo de cocción: 3 horas

Raciones: 4-6

Ingredientes:

- Galón de agua

- Para probar el aliño Pit Boss

- ½ taza de sal rosa de curado

- ½ taza de azúcar moreno

- 6 granos de pimienta enteros

- 2 hojas de laurel enteras y secas

- ½ galón de agua helada

- 8 muslos de pavo enteros

- 16 rebanadas de tocino

Direcciones:

1. En una olla grande, mezcle un galón de agua, el aliño, la sal de curado, el azúcar moreno, los granos de pimienta y las hojas de laurel.

2. Hervir a fuego alto para disolver la sal y los gránulos de azúcar. Retirar del fuego y añadir ½ galón de hielo y agua.

3. La salmuera debe estar al menos a temperatura ambiente, si no más fría.

4. Colocar los muslos de pavo, completamente sumergidos en la salmuera.

5. Después de 24 horas, escurra los muslos de pavo y retire la salmuera.

6. Lavar la salmuera de las patas con agua fría y luego secarlas bien con toallas de papel.

7. Cuando esté listo para cocinar, encienda la parrilla Pit Boss según las instrucciones de la parrilla. Ajuste el calor a 250F y precaliente, con la tapa cerrada durante 10 a 15 minutos.

8.   Coloque los muslos de pavo directamente en la parrilla.

9.   Después de 2 ½ horas, envuelva cada pata con un trozo de tocino y termine de cocinarlas durante 30 a 40 minutos de ahumado.

10.   El tiempo total de ahumado de las piernas será de 3 horas o hasta que la temperatura interna alcance los 165F en un termómetro de carne de lectura instantánea. Sirva y disfrute.

La nutrición:

Calorías 390kcal

Grasa total 14g

Grasas saturadas 0g

Colesterol 64mg

Sodio 738mg

Carbohidratos 44g

21. Alitas dulces cajún a la parrilla

Tiempo de preparación: 10 minutos

Tiempo de cocción: 45 minutos

Raciones: 4-6

Ingredientes:

- Alitas de pollo de 2 libras

- Según se requiera Frote de cerdo y aves de corral

- Batido cajún

Direcciones:

1. Cubra las alas con el aliño dulce y el batido cajún.

2. Cuando esté listo para cocinar, ponga la parrilla Pit Boss a 350F y precaliéntela, con la tapa cerrada durante 15 minutos.

3. Cocine durante 30 minutos hasta que la piel esté dorada y el centro esté jugoso y un termómetro de lectura instantánea indique al menos 165F. Sirva y disfrute.

22. El desafío del pollo a la parrilla

Tiempo de preparación: 15 minutos

Tiempo de cocción: 1 hora y 10 minutos

Raciones: 4-6

Ingredientes:

- 1 (4-lbs.) pollo entero

- Según necesidad, aliño de pollo

Direcciones:

1. Cuando esté listo para cocinar, ajuste la temperatura a 375F y luego precaliente, cierre la tapa durante 15 minutos.

2. Enjuague y seque el pollo entero (retire y deseche los menudillos, si los hay). Sazone todo el pollo, incluido el interior, con aliños para pollo.

3. Coloque el pollo en la parrilla y cocínelo durante 1 hora y 10 minutos.

4. Retire el pollo de la parrilla cuando la temperatura interna de la pechuga alcance los 160F. Compruebe el calor periódicamente, ya que el tiempo de cocción variará en función del peso del pollo.

5. Deje reposar el pollo hasta que la temperatura interna de la pechuga alcance los 165F, entre 15 y 20 minutos. Disfrute.

La nutrición:

Calorías 212kcal

Carbohidratos 42,6g

Proteína 6,1g

Grasa 2,4g

Grasas saturadas 0,5g

Fibra 3,4g

Azúcar 2,9g

23. Pechuga de pollo al limón

Tiempo de preparación: 15 minutos

Tiempo de cocción: 15min

Porciones: 6

Ingredientes:

- 6 Pechugas de pollo, sin piel y sin hueso

- ½ taza de aceite

- 1 - 2 ramitas de tomillo fresco

- 1 cucharadita de pimienta negra molida

- 2 cucharaditas de sal

- 2 cucharaditas de miel

- 1 diente de ajo picado

- 1 Limón el jugo y la cáscara

- Para el servicio: Gajos de limón

Direcciones:

1. En un bol, combine el tomillo, la pimienta negra, la sal, la miel, el ajo y la ralladura y el zumo de limón. Remover hasta que se disuelva y se combine. Añadir el aceite y batir para combinar.

2. Limpia las pechugas y sécalas. Colóquelas en una bolsa de plástico. Vierta la marinada ya preparada y masajee para que se distribuya uniformemente. Meter en la nevera, 4 horas.

3. Precaliente la parrilla a 400F con la tapa cerrada.

4. Escurrir el pollo y asarlo hasta que la temperatura interna alcance los 165F, unos 15 minutos.

5. Servir con gajos de limón y una guarnición de su elección.

La nutrición:

Calorías: 230

Proteínas: 38g

Carbohidratos 1g Grasa: 7g

Recetas de pescado y marisco

24. Camarones envueltos en tocino dulce

Tiempo de preparación: 20 minutos

Tiempo de cocción: 10 minutos

Porciones: 12

Ingredientes:

- 1 libra de camarones crudos

- 1/2 cucharada de sal

- 1/4 de cucharada de ajo en polvo

- 1 libra de tocino, cortado en mitades

Direcciones:

1. Precaliente su Pit Boss a 3500F.

2. Retira las cáscaras y las colas de las gambas y sécalas con el papel de cocina.

3. Espolvoree sal y ajo sobre las gambas, luego envuélvalas con el beicon y sujételas con un palillo.

4. Colocar las gambas en una rejilla de horno engrasada con spray de cocina.

5. Cocinar durante 10 minutos, dar la vuelta y cocinar otros 10 minutos, o hasta que el bacon esté lo suficientemente crujiente.

6. Retirar del Pit Boss y servir.

La nutrición:

Calorías 204

Grasa total 14g

Grasa saturada 5g

Carbohidratos totales 1g

Carbohidratos netos 1g

Proteína 18g

Sodio 939mg

25. Pinchos de langostinos Pit Boss Spot

Tiempo de preparación: 10 minutos

Tiempo de cocción: 10 minutos

Porciones: 6

Ingredientes:

- 2 libras de langostinos

- 2 cucharadas de aceite

- Sal y pimienta al gusto

Direcciones:

1. Precaliente su Pit Boss a **4000F**.

2. Ensartar los langostinos con brochetas empapadas y rociar generosamente con aceite, sal y pimienta.

3. Coloque las brochetas en la parrilla y cocínelas con la tapa cerrada durante 5 minutos por cada lado.

4. Retirar las brochetas y servir cuando estén calientes.

La nutrición:

Calorías 221

Grasa total 7g

Grasa saturada 1g

Carbohidratos totales 2g

Carbohidratos netos 2g

Proteína 34g

Sodio 1481mg

26. Vieiras envueltas en tocino Pit Boss

Tiempo de preparación: 15 minutos

Tiempo de cocción: 20 minutos

Porciones: 8

Ingredientes:

- 1 libra de vieiras

- 1/2 libra de tocino

- Sal marina

Direcciones:

1. Precaliente su Pit Boss a 3750F.

2. Seca las vieiras con una toalla, luego envuélvelas con un trozo de tocino y sujétalas con un palillo.

3. Coloque las vieiras en la parrilla con el lado del tocino hacia abajo. Cierre la tapa y cocine durante 5 minutos por cada lado.

4. Mantenga las vieiras en el lado del tocino para que no se marquen en la parrilla.

5. Servir y disfrutar.

La nutrición:

Calorías 261

Grasa total 14g

Grasa saturada 5g

Carbohidratos totales 5g

Carbohidratos netos 5g

Proteína 28g

Sodio 1238mg

27. Cola de langosta Pit Boss

Tiempo de preparación: 10 minutos

Tiempo de cocción: 15 minutos

Raciones: 2

Ingredientes:

- 10 onzas de cola de langosta

- 1/4 de cucharada de condimento de laurel viejo

- 1/4 de cucharada de sal del Himalaya

- 2 cucharadas de mantequilla derretida

- 1 cucharada de perejil fresco picado

Direcciones:

1. Precaliente su Pit Boss a 4500F.

2. Cortar el rabo por la mitad y sazonarlo con condimento de laurel y sal.

3. Coloque las colas directamente en la parrilla con el lado de la carne hacia abajo. Asar durante 15 minutos o hasta que la temperatura interna alcance los 1400F.

4. Retirar del Pit Boss y rociar con mantequilla.

5. Servir cuando esté caliente adornado con perejil.

La nutrición:

Calorías 305

Grasa total 14g

Grasa saturada 8g

Carbohidratos totales 5g

Carbohidratos netos 5g

Proteína 38g

Sodio 684mg

28. Salmón asado con miel

Tiempo de preparación: 5 minutos

Tiempo de cocción: 1 hora

Porciones: 4

Ingredientes:

- Dos dientes de ajo rallados

- Dos cucharadas de jengibre picado

- Una cucharadita de miel

- Una cucharadita de aceite de sésamo

- Dos cucharadas de zumo de limón

- Una cucharadita de pasta de chile

- Cuatro filetes de salmón

- Dos cucharadas de salsa de soja

Direcciones:

1. Ajuste su parrilla de pellets de madera para ahumar mientras la tapa está abierta.

2. Hazlo durante 5 minutos.

3. Precaliente su parrilla de pellets de madera a 400 grados F.

4. Combine todos los ingredientes excepto el salmón en una bolsa de plástico con cierre.

5. Agitar para mezclar los ingredientes.

6. Añade el salmón.

7. Dejar marinar en la nevera durante 30 minutos.

8. Añade el salmón a una sartén para asar y colócalo encima de la parrilla.

9. Cerrar la tapa y cocinar durante 3 minutos.

10. Dale la vuelta al salmón y cocínalo otros 3 minutos.

La nutrición:

Calorías 119

Grasa total 10g

Grasa saturada 2g

Sodio 720mg

Recetas vegetarianas

29. Verduras a la parrilla Pit Boss

Tiempo de preparación: 5 minutos

Tiempo de cocción: 15 minutos

Porciones: 12

Ingredientes:

- Una bandeja de verduras

- 1/4 de taza de aceite vegetal

- 1-2 cucharadas de condimento vegetal Pit Boss

Direcciones:

1. Precaliente su Pit Boss a 375oF.

2. Mientras tanto, eche las verduras en el aceite colocado en una sartén, grande, y luego salpíquelas con el condimento.

3. Colocar en el Pit Boss y asar durante unos 10-15 minutos.

4. Remover, servir y disfrutar.

La nutrición:

Calorías 44

Grasa total 5g

Total de carbohidratos 10,8g

Proteína 0g

Azúcares 0g

Fibra 0g,

Sodio 36mg

Potasio 116mg

30. Calabaza de bellota ahumada

Tiempo de preparación: 10 minutos

Tiempo de cocción: 2 horas

Porciones: 6

Ingredientes:

Tres calabazas de bellota, sin semillas y partidas por la mitad

3 cucharadas de aceite de oliva

1/4 de taza de mantequilla sin sal

1 cucharada de canela molida

1 cucharada de chile en polvo

1 cucharada de nuez moscada molida

1/4 de taza de azúcar moreno

Direcciones:

1. Unte los lados cortados de la calabaza con aceite de oliva y luego cúbrala con papel de aluminio haciendo agujeros para que el humo y el vapor pasen.

2. Precaliente su Pit Boss a 225oF.

3. Colocar las mitades de calabaza en la parrilla con el lado cortado hacia abajo y ahumar durante aproximadamente 1½- 2 horas. Retirar del Pit Boss.

4. Déjalo reposar mientras preparas la mantequilla con especias. Derrite la mantequilla en un cazo y añade las especias y el azúcar, removiendo para combinarlos.

5. Retire el papel de aluminio de las mitades de calabaza.

6. Poner 1 cucharada de la mezcla de mantequilla en cada mitad.

7. Sirve y disfruta.

La nutrición:

Calorías 149

Grasa total 10g

Total de carbohidratos 14g

Proteína 2g

Azúcares 2g

Fibra 2g,

Sodio 19mg

Potasio 101mg

31. Judías verdes asadas con bacon
Tiempo de preparación: 15 minutos

Tiempo de cocción: 20 minutos

Porciones: 6

Ingredientes:

- 1 libra de judías verdes

- 4 tiras de tocino, cortadas en trozos pequeños

- 4 cucharadas de aceite de oliva virgen extra

- 2 dientes de ajo picados

- 1 cucharadita de sal

Direcciones:

1. Encienda la parrilla Pit Boss a 4000F. Utilice los pellets de madera deseados para cocinar. Mantenga la tapa sin abrir y deje que se precaliente durante un máximo de 15 minutos

2. Poner todos los ingredientes en una bandeja y repartirlos uniformemente.

3. Colocar la bandeja en la rejilla y asar durante 20 minutos.

La nutrición:

Calorías: 65 Cal

Grasa: 5,3 g

Carbohidratos: 3 g

Proteínas: 1,3 g

Fibra: 0 g

32. Sandía ahumada

Tiempo de preparación: 15 minutos

Tiempo de cocción: 45-90 minutos

Porciones: 5

Ingredientes:

- 1 sandía pequeña sin pepitas

- Vinagre balsámico

- Pinchos de madera

Direcciones:

1. Cortar los extremos de las sandías pequeñas sin pepitas

2. Cortar la sandía en cubos de una pulgada. Ponga los cubos en un recipiente y rocíe vinagre sobre los cubos de sandía.

3. Precaliente el ahumador a 225°F. Añada astillas de madera y agua al ahumador antes de empezar a precalentar.

4. Colocar los cubos en las brochetas.

5. Coloque las brochetas en la rejilla del ahumador durante 50 minutos.

6. Cocinero

7. Retire los pinchos.

8. ¡Sirve!

La nutrición:

Calorías: 20 Cal

Grasa: 0 g

Carbohidratos: 4 g

Proteínas: 1 g

Fibra: 0,2 g

33. Verduras a la parrilla con pellets de madera

Tiempo de preparación: 5 minutos

Tiempo de cocción: 15 minutos

Porciones: 8

Ingredientes:

- 1 bandeja de verduras
- 1/4 de taza de aceite vegetal
- 2 cucharadas de condimento para verduras

Direcciones:

1. Precaliente la parrilla de pellets de madera a 375°F
2. Mezcle las verduras con aceite y colóquelas en una sartén.
3. Espolvorear con el condimento para verduras y colocar en la parrilla caliente.
4. Asar durante 15 minutos o hasta que las verduras estén cocidas
5. Dejar reposar y servir. Disfrute.

La nutrición:

Calorías: 44

Grasa total: 5g

Grasas saturadas: 0g

Carbohidratos totales: 1g

Carbohidratos netos: 1g

Sodio: 36mg

Potasio: 10mg

34. Espárragos ahumados con pellets de madera

Tiempo de preparación: 5 minutos

Tiempo de cocción: 1 hora

Porciones: 4

Ingredientes:

- 1 manojo de espárragos frescos con las puntas cortadas
- 2 cucharadas de aceite de oliva
- Sal y pimienta al gusto

Direcciones:

1. Encienda su ahumador de pellets de madera a 230 °F
2. Colocar los espárragos en un bol y rociarlos con aceite de oliva. Sazone con sal y pimienta.
3. Coloca los espárragos en una hoja de papel de aluminio y dobla los lados de forma que crees una cesta.

4. Ahumar los espárragos durante 1 hora o hasta que estén blandos dándoles la vuelta después de media hora.
5. Retirar de la parrilla y servir. Disfrute.

La nutrición:

Calorías: 43

Grasa total: 2g

Total de carbohidratos: 4g

Carbohidratos netos: 2g

Proteínas: 3g

Azúcar: 2g

Fibra: 2g

Sodio: 148mg

35. Merienda de albóndigas rellenas de queso feta

Tiempo de preparación: 30 minutos.

Tiempo de cocción: 35 minutos.

Porciones: 6

Ingredientes:

- Pimienta
- Sal
- ¾ de taza de queso feta
- ½ cucharada de tomillo
- Dos cucharadas de orégano picado
- Ralladura de un limón
- Una libra de carne de cerdo molida
- Una libra de carne molida
- Una cucharada de aceite de oliva

Direcciones:

1. Coloque la pimienta, la sal, el tomillo, el orégano, el aceite de oliva, la ralladura de limón y la carne picada en un bol grande.

2. Combinar bien los ingredientes con las manos.

3. Cortar el Feta en daditos y empezar a hacer las albóndigas. Toma media cucharada de la mezcla de carne y enróllala alrededor

de un trozo de queso. Continuar hasta que se haya utilizado toda la carne.

4.   Añada pellets de madera a su ahumador y siga el procedimiento de puesta en marcha de su cocina. 5.Precaliente su ahumador, con la tapa cerrada, hasta que llegue a 350.

5.   Pincelar las albóndigas con más aceite de oliva y ponerlas en la parrilla. Asar durante diez minutos hasta que se doren.

Nutrición: Calorías: 294,5 Proteínas: 28,4g   Carbohidratos: 15,2g Grasas: 12,8g

36. Calabaza

Tiempo de preparación: 30 minutos.

Tiempo de cocción: 2 horas.

Raciones: 4-6

Ingredientes:

- Azúcar moreno
- Jarabe de arce
- 6 cucharadas de mantequilla
- Calabaza

Direcciones:

1.   Añada pellets de madera a su ahumador y siga el procedimiento de puesta en marcha de su cocina. 2.Precaliente su ahumador, con la tapa cerrada, hasta que llegue a 300.

2.   Cortar la calabaza por la mitad, a lo largo. Limpie todas las semillas y la membrana.

3.   Colocar esta parte cortada hacia abajo en la parrilla y ahumar durante 30 minutos. Dale la vuelta a la calabaza y cocina otros 30 minutos.

4.Colocar   cada mitad de la calabaza en papel de aluminio. Espolvorear cada mitad con azúcar moreno y jarabe de arce, y poner 3 cucharadas de mantequilla en cada una. Envuelva el papel de aluminio para crear un sello hermético.

5.   Aumentar la temperatura a 400 y colocar en la parrilla durante otros 35 minutos.

6.   Desenvolver cuidadosamente cada mitad asegurándose de reservar los jugos en el fondo. Colocar en una fuente de servir y rociar los jugos sobre cada mitad. Utiliza una cuchara para sacarlas y disfrútalas.

Nutrición: Calorías: 82 Proteínas: 1,8g   Carbohidratos: 21,5g Grasas: 0,18g

37. Alcachofas Cajún
Tiempo de preparación: 30 minutos.

Tiempo de cocción: 2 horas.

Porciones: 4

Ingredientes:

- 1 2-16 corazones de alcachofa enteros en lata
- Condimento cajún - 2 cucharadas
- Pellets de madera de nogal americano

Direcciones:

1.   Precalentar el ahumador, para ahumar en frío

2.   Cortar los corazones de alcachofa por la mitad.

3.Mezcle   las mitades de las alcachofas con el condimento cajún.

4.   Extienda los corazones en una sola capa en la rejilla del ahumador y ahúmelos en frío durante 2 horas.

5.   Servir y disfrutar.

Nutrición: Calorías: 25 Proteínas: 3g   Carbohidratos: 9g   Grasas: 0g

38. Para los macarrones con queso Maggi

Tiempo de preparación: 30 minutos.

Tiempo de cocción: 1 hr. 30 min.

Porciones: 8

Ingredientes:

- ¼ de taza de harina común
- ½ barra de mantequilla
- Mantequilla, para engrasar
- Medio kilo de macarrones cocidos
- Una taza de parmesano rallado
- 8 onzas de queso crema
- Dos c. de Monterey Jack rallado
- 3 cucharadas de ajo en polvo
- Dos t. de sal
- Una cucharada de pimienta
- Dos c. de queso Cheddar rallado, dividido
- 3 c. de leche

Direcciones:

1.   Poner la mantequilla en la olla y derretirla. Mezclar con la harina. Remover constantemente durante un minuto. Mezclar la pimienta, la sal, el ajo en polvo y la leche. Dejar que hierva.

2.   Después de bajar el fuego, déjelo cocer a fuego lento durante unos 5 minutos, o hasta que haya espesado. Retirar del fuego.

3. Mezcla el queso crema, el parmesano, el Monterey jack y 1 ½ c. de cheddar. Revuelva todo hasta que se derrita. Incorpore la pasta.

4. Añada pellets de madera a su ahumador y siga el procedimiento de puesta en marcha de su cocina. 5.Precaliente su ahumador, con la tapa cerrada, hasta que llegue a 225.

5. Unte con mantequilla un molde para hornear de 9" x 13". Vierta la mezcla de macarrones en el molde y colóquelo en la parrilla. Tápelo y deje que se ahume durante una hora, o hasta que esté burbujeante. Cubra los macarrones con el resto del cheddar durante la última

6. Servir.

Nutrición: Calorías: 493 Proteínas: 19,29g Carbohidratos: 52,15g Grasas: 22,84g

39. Pan de queso al romero

Tiempo de preparación: 10 minutos

Tiempo de cocción: 12 minutos

Raciones: 30 Palitos de pan

Ingredientes:

- 1½ taza de semillas de girasol
- ½ cucharadita de sal marina
- 1egg
- 1 cucharadita de romero fresco (finamente picado)
- 2 cucharadas de goma xantana
- 2 cucharadas de queso crema
- 2 tazas de mozzarella rallada

Direcciones:

1. Precaliente la parrilla a 400°F con la tapa cerrada durante 15 minutos.

2. Poner las semillas de girasol en una batidora potente y batirlas hasta que queden suaves y con aspecto de harina.

3. Pasar la harina de semillas de girasol a un bol para mezclar y añadir el romero y la goma xantana. Mezclar y reservar.

4. Derrite el queso en el microondas. Para ello, combina el queso crema y el queso mozzarella en un plato apto para microondas.

5. Coloca el plato apto para microondas en el grill y calienta el queso a fuego alto durante 1 minuto.

6. Sacar la fuente y remover. Poner el plato en el grill y calentar durante 30 segundos. Saque el plato y revuelva hasta que esté suave.

7. Vierta el queso derretido en un bol grande para mezclar.

8. Añadir la mezcla de harina de girasol al queso derretido y remover los ingredientes para que queden bien combinados.

9. Añadir la sal y el huevo y mezclar bien para formar una masa suave.

10.   Medir trozos iguales de la masa y hacer palitos.

11.   Engrasar una bandeja de horno con aceite y disponer los palitos de pan en la bandeja de horno en una sola capa.

12.   Utilice el dorso de un cuchillo o una cuchara de metal para hacer líneas en los palitos de pan.

13.   Coloque la bandeja para hornear en la parrilla y haga durante unos 12 minutos o hasta que los palitos de pan se doren.

14.   Retire la bandeja del horno de la parrilla y deje que los palitos de pan se enfríen durante unos minutos.

15.   Sirve.

Nutrición: Calorías: 23 Grasas totales: 1,9 g Grasas saturadas: 0,5 g Colesterol: 7 mg Sodio: 47 mg Carbohidratos totales: 0,6 g Fibra dietética: 0,2 g Azúcares totales: 0,1 g Proteínas: 1,2 g

40. Fresas a la parrilla

Tiempo de preparación: 5 minutos

Tiempo de cocción: 5 minutos

Porciones: 4

Ingredientes:

- 1 cucharada de zumo de limón

- 4 cucharadas de miel

- 16 fresas

Direcciones:

1. Encienda su parrilla de pellets de madera.

2. Ponerlo a 450 grados F.

3. Ensartar las fresas en las brochetas.

4. Untar con la miel y el zumo de limón.

5. Asar durante 5 minutos.

La nutrición:

Calorías: 53 Cal

Grasa: 0 g

Carbohidratos: 12 g

Proteínas: 1 g

Fibra: 3 g

41. Crepes ahumados

Tiempo de preparación: 10 minutos

Tiempo de cocción: 2 horas

Porciones: 6

Ingredientes:

- Manzanas de 2 libras, cortadas en trozos

- Condimento de mantequilla de manzana

- 1/2 taza de zumo de manzana

- 2 cucharaditas de zumo de limón

- 5 cucharadas de mantequilla

- 3/4 de cucharadita de canela molida

- 2 cucharadas de azúcar moreno

- 3/4 de cucharadita de almidón de maíz

- 6 crepes

Direcciones:

1. Precaliente su parrilla de pellets de madera a 225 grados F.

2. Sazonar las manzanas con el condimento de mantequilla de manzana.

3. Añade a la parrilla.

4. Ahumar durante 1 hora.

5. Dejar enfriar y cortar en rodajas finas.

6. Añadir a un molde para hornear.

7. Incorporar el resto de los ingredientes, excepto los crepes. Asar durante 15 minutos.

8. Añadir la mezcla de manzana sobre las crepes. Enrollar y servir.

La nutrición:

Calorías: 130 Cal

Grasa: 5 g

Carbohidratos: 14 g

Proteínas: 7 g

Fibra: 1 g

42. Crumble de manzana

Tiempo de preparación: 30 minutos

Tiempo de cocción: 1 hora y 30 minutos

Porciones: 8

Ingredientes:

- 2 tazas y 2 cucharadas de harina, divididas

- 1/2 taza de manteca

- Pizca de sal

- 1/4 de taza de agua fría

- 8 tazas de manzanas, cortadas en cubos

- 3 cucharaditas de zumo de limón

- 1/2 cucharadita de nuez moscada molida

- 1 cucharadita de condimento de mantequilla de manzana

- 1/8 cucharadita de clavo de olor molido

- 1 cucharadita de canela

- 1/4 de taza de mantequilla

Direcciones:

1.   Ponga su parrilla de pellets de madera a ahumar.

2.   Precaliéntelo a 350 grados F.

3.   Mezcle 1 1/2 tazas de harina, la manteca y la sal en un bol hasta que se desmenuce .

4.   Añadir   lentamente   agua   fría.   Mezclar suavemente.

5.   Envuelve la masa en plástico y refrigera de 20 a 30 minutos.

6.   Colocar las manzanas en un bol.

7.   Echar el zumo de limón. Sacar la masa.

8.   Presionar en una sartén.

9.   En un bol, combine las 2 cucharadas de harina, la nuez moscada, el condimento de mantequilla de manzana, el clavo molido y la canela.

10.   Añadir esto al bol con las manzanas.

11.   Añadir la mantequilla y mezclar con una batidora hasta que se desmenuce.

12.   Extienda esto sobre la masa.

13.   Hornear durante 1 hora.

La nutrición:

Calorías: 283 Cal

Grasa: 6 g

Carbohidratos: 55 g

Proteínas: 1 g

Fibra: 0 g

43. Uncle Johnny's Rub

Tiempo de preparación: 10 minutos

Tiempo de cocción: Nulo

Porción: 4

Ingredientes

- ½ cucharadita de orégano
- 4 cucharadas de pimentón molido
- 1 cucharada de azúcar moreno
- 1 cucharada de comino molido
- 1 cucharada de chile en polvo
- 1 cucharada de mostaza en polvo
- 1 cucharada de sal
- 2 cucharadas de pimienta
- 1 cucharada de ajo en polvo

Direcciones:

1. Mezcle los ingredientes mencionados anteriormente para preparar el condimento y utilícelo cuando lo necesite.

   La nutrición:

   Calorías: 20

   Carbohidratos: 5g

Proteínas: 1g

44. Condimento para fajitas

Tiempo de preparación: 10 minutos

Tiempo de cocción: Nulo

Porción: 4

Ingredientes

- ¼ de taza de chile en polvo
- 2 cucharadas de comino molido
- 1 cucharada de sal
- 4 cucharaditas de pimienta negra
- 3 cucharaditas de orégano seco
- 2 cucharaditas de pimentón
- 1 cucharadita de cebolla en polvo
- 1 cucharadita de perejil

Direcciones:

1. Mezcle los ingredientes mencionados anteriormente para preparar el condimento y utilícelo cuando lo necesite.

   La nutrición:

   Calorías: 20

   Carbohidratos: 5g

   Proteínas: 1g

45. Sal mixta de hierbas

Tiempo de preparación: 10 minutos

Tiempo de cocción: Nulo

Porción: 4

Ingredientes

- ½ taza de sal gruesa
- ¼ de taza de hojas de romero frescas empaquetadas
- ¼ de taza de tomillo limón fresco envasado
- 1 taza de sal

Direcciones:

1. Mezclar los ingredientes mencionados anteriormente
2. Déjelo reposar y secar al aire durante 2 horas
3. Utilizar según necesidad

   La nutrición:

   Calorías: 20

   Carbohidratos: 5g

   Proteínas: 1g

46. Rub de barbacoa clásico

Tiempo de preparación: 10 minutos

Tiempo de cocción: Nulo

Porción: 4

Ingredientes

- 1 cucharadita de sal
- 1/8 de cucharadita de comino molido
- ¾ de cucharadita de pimienta blanca molida
- ¾ de cucharadita de pimienta negra molida
- ¾ cucharadita de tomillo seco
- ¾ de cucharadita de ajedrea molida
- ¾ de cucharadita de semillas de cilantro molidas
- 1 cucharadita de hojas de laurel molidas
- 1 y ½ cucharadita de albahaca seca
- 2 cucharaditas de ajo en polvo

Direcciones:

1. Mezcle los ingredientes mencionados anteriormente para preparar el condimento y utilícelo cuando lo necesite.

   La nutrición:

   Calorías: 20

   Carbohidratos: 5g

   Proteínas: 1g

47. Aliño de carne con ajo y romero

Tiempo de preparación: 10 minutos

Tiempo de cocción: Nulo

Porción: 4

Ingredientes

- 1 cucharada de pimienta
- 1 cucharada de sal
- 3 cucharadas de romero fresco picado
- 1 cucharada de romero seco
- 8 dientes de ajo picados
- ½ taza de aceite de oliva

Direcciones:

1. Mezcle los ingredientes mencionados anteriormente para preparar el condimento y utilícelo cuando lo necesite.

48. Una mezcla vikinga

Tiempo de preparación: 10 minutos

Tiempo de cocción: Nulo

Porción: 4

Ingredientes

- 5 cucharaditas de pimentón
- 2 cucharaditas de sal
- 2 cucharaditas de cebolla en polvo
- 1 cucharadita de cayena
- 2 cucharaditas de pimienta molida

- 1 cucharadita de mostaza seca

Direcciones:

1. Mezcle los ingredientes mencionados anteriormente para preparar el condimento y utilícelo cuando lo necesite.

   La nutrición:

   Calorías: 20

   Carbohidratos: 5g

   Proteínas: 1g

49. Semillas de calabaza con azúcar y canela

Tiempo de preparación: 12 minutos

Tiempo de cocción: 30 minutos

Raciones: 8-12

Ingredientes:

- Dos cucharadas de azúcar

- semillas de una calabaza

- Una cucharada de canela

- Dos cucharadas de mantequilla derretida

Direcciones:

1. Añada los pellets de madera a su ahumador y siga la operación de puesta en marcha de su cocina. Precaliente su ahumador, con la tapa cerrada, hasta que llegue a 350.

2. Limpie las semillas y métalas en la mantequilla derretida. Añádelas al azúcar y la canela. Extiéndelas en una bandeja de horno, colócalas en la parrilla y ahúmalas durante 25 minutos.

3. Sirve.

La nutrición:

Calorías: 160

Carbohidratos: 5g

Grasa: 12g

Proteínas: 7g

50. Tarta de manzana

Tiempo de preparación: 20 minutos

Tiempo de cocción: 1 hora y 30 minutos

Porciones: 8

Ingredientes:

- 8 manzanas Granny Smith

- Una c. de azúcar

- Dos huevos

- Dos cucharadas de levadura en polvo

- Dos c. de harina común

- 1 ½ c. de azúcar

Direcciones:

1. Pele y corte las manzanas en cuartos y colóquelas en un bol. Añada la canela y una taza de azúcar. Remover bien para cubrirlas y dejarlas reposar durante una hora.

2. Añada pellets de madera a su ahumador y siga la forma de inicio de su cocina. Precaliente su ahumador, con la tapa cerrada, hasta que llegue a 350.

3. Colocar las manzanas en un horno holandés. Añadir la mezcla de crumble por encima y rociar con mantequilla derretida.

4. Colocar en la parrilla y cocinar durante 50 minutos.

La nutrición:

Calorías: 152

Carbohidratos: 26g

Grasa: 5g

Proteínas: 1g

51. Tarta de piña

Tiempo de preparación: 20 minutos

Tiempo de cocción: 60 minutos

Porciones: 8

Ingredientes:

- Una c. de azúcar

- Una cucharada de levadura en polvo

- Una taza de suero de leche

- Dos huevos

- ½ t. de sal

- Un tarro de cerezas al marrasquino

- Una barra de mantequilla, dividida

- ¾ de taza de azúcar moreno

- Una lata de piña en rodajas

- 1 ½ c. de harina

Direcciones:

1. Añada pellets de madera a su ahumador y observe el procedimiento de puesta en marcha de su cocina. Precaliente su ahumador, con la tapa cerrada, hasta que llegue a 350.

2. Tome una sartén de hierro fundido de tamaño medio y derrita media barra de mantequilla. Asegúrese de cubrir

toda la sartén. Espolvorea el azúcar moreno en la sartén de hierro fundido.

3. Colocar las rodajas de piña sobre el azúcar moreno. Colocar una cereza en el centro de cada anillo de piña.

4. Mezclar la sal, la levadura en polvo, la harina y el azúcar. Añadir los huevos, media barra de mantequilla derretida y el suero de leche. Bata para combinar.

5. Ponga el pastel en la parrilla y cocínelo durante una hora.

6. Retirar de la parrilla y dejar reposar durante diez minutos. Volcar en una fuente de servir.

La nutrición:

Calorías: 165

Carbohidratos: 40g

Grasa: 0g

Proteínas: 1g

Conclusión:

La parrilla de pellets Pit boss ha hecho que asar a la parrilla sea más sencillo y seguro para la humanidad, y que asar a la parrilla, que forma parte de la cocina "dietética", sea más fácil gracias a la parrilla Pit boss. Proporcionándonos la deliciosa comida que nos faltaba y mejorando así nuestra calidad de vida. Este libro contiene una variedad de recetas que puede cocinar en casa utilizando su nueva parrilla Pit boss Pellet. La ternura y la sabrosa barbacoa de las recetas pueden proporcionar mucha satisfacción.

Las barbacoas Pit boss son eléctricas y se regulan mediante un mecanismo estándar de 3 posiciones. Una unidad cilíndrica, como una estufa de pellets, transporta los pellets desde el almacén hasta la chimenea. El ahumador Pit boss Grill asegura que su carne y otras recetas salgan a la perfección. Este ahumador crea una atmósfera maravillosa para su comida. Para conseguir un sabor tan genuino, se necesitan materiales de alta calidad y un ahumado preciso. Lo mejor es que pueda alcanzar el mayor grado de precisión en el ahumado para que su carne y otras recetas salgan a la perfección. Además, si quiere añadir más sabor a sus recetas, utilice el mejor pellet de madera para cocinar.

Mucha gente me pregunta por qué elijo las parrillas de pellets Pit boss, y se podría pensar que la respuesta es fácil y sencilla, ¡y sí! Está justo delante de nosotros. ¿Cuál es la explicación de esto?

Se cocina sobre un fuego de leña, lo que da como resultado un sabor excepcional porque nada se compara con la madera real, el ahumado real y el aroma natural. El método de cocción ha evolucionado mucho. Los chefs expertos son conocidos por experimentar con diferentes sabores e ingredientes para producir un plato delicioso y sabroso.

Asar a la parrilla es uno de los métodos de cocción más comunes para conseguir un sabor perfecto en sus platos. Asar a la parrilla es un método de cocción mejor que otros porque beneficia a los alimentos, retiene el sabor y conserva los nutrientes. Por otro lado, la parrilla de pellets de madera de un ahumador Pit boss le ayuda a asar sus alimentos fácilmente y con menos esfuerzo y humo. La ventaja de tener un ahumador Pit boss grill en su casa es que es flexible, le ayuda a cocinar los alimentos más rápidamente, ofrece una escala de control de la temperatura y es uno de los aspectos más críticos de la cocina.

Es una parrilla flexible. De hecho, el ahumador de parrilla Pit boss puede utilizarse para asar, ahumar, hornear, asar y guisar todo lo que se le ocurra. Este ahumador de parrilla Pit boss es una poderosa herramienta que ofrece un excelente servicio.

Como todos podemos atestiguar, Pit boss ha hecho que el uso de la parrilla de pellets sea sencillo: su intuitivo panel de control tiene un botón de encendido y un mando que permite cambiar fácilmente la temperatura.

Por último, debemos añadir que siempre podemos encontrar nuevos sabores en nuestros platos a través de la parrilla: puede ahumar sus platos con los pellets Pit boss, dándoles un sabor constantemente nuevo y diferente. El ahumador Pit boss Grill es la respuesta a las plegarias de su paladar. No pierda más tiempo; consiga su propio ahumador y empiece a cocinar sus recetas favoritas con este libro.

CPSIA information can be obtained
at www.ICGtesting.com
Printed in the USA
BVHW080600260421
605848BV00009B/558

9 781801 659017